GAF I DDWEUD stori?

ALUN IFANS

GWASG GOMER
1982

Argraffiad Cyntaf—Mawrth 1982

ISBN 0 85088 986 3

Cyhoeddwyd dan nawdd Cynllun Llyfrau Darllen Cyd-bwyllgorAddysg Cymru.

Argraffwyd gan J. D. Lewis a'i Feibion Cyf.
Gwasg Gomer, Llandysul, Dyfed

GAIR I'R PLANT

Beth am ddweud stori? Edrychwch yn ofalus ar y lluniau a dywedwch y stori.
Rhowch enwau ar y plant yn y stori. Mae geiriau ar bob tudalen i'ch helpu.
   Dywedwch y stori unwaith eto. Y tro hwn chi ydy'r prif gymeriad. Efallai yr
hoffech chi ysgrifennu'r stori. Cofiwch am y geiriau i'ch helpu.

Mawrth 1982   **Alun Ifans**

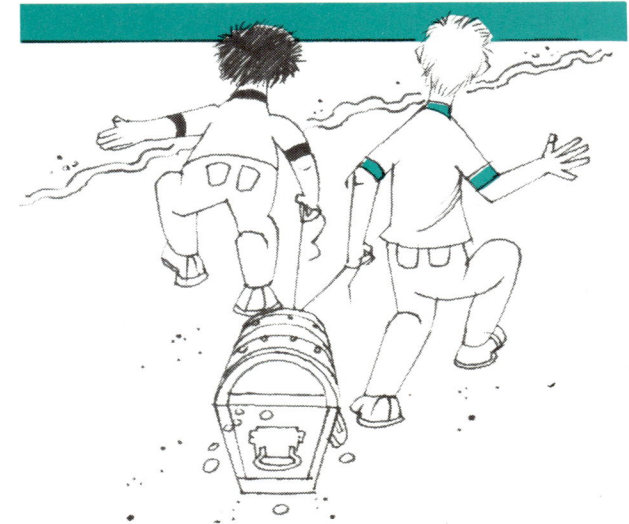

Welsh	English
dau fachgen	two boys
traeth	beach
clogwyn	cliff
ogof	cave
ceg yr ogof	mouth of the cave
ofn	fear
di-ofn	fearless
tu fewn	inside
cerdded yn ofalus	to walk carefully
tywyll	dark
gweld	to see
cist	chest
agor	to open
trysor	treasure
aur	gold
arian	money
coron aur	gold crown
llusgo	to drag

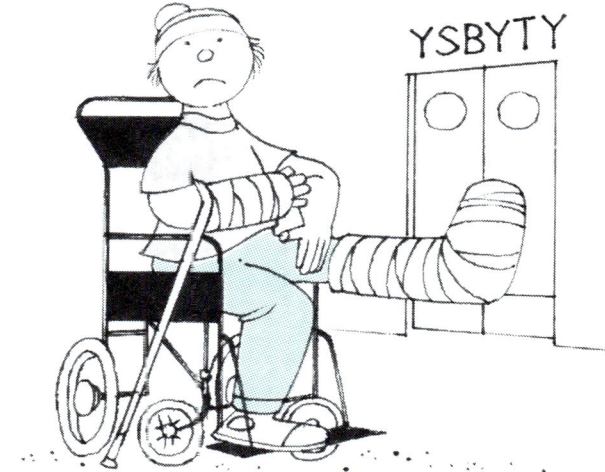

gwyliau	holiday/s		**lifft**	lift
tocynnau	tickets		**sgïo**	to ski
awyren	aeroplane		**syrthio/ cwympo**	to fall
hedfan	to fly		**ysbyty**	hospital
gwesty	hotel		**torri coes**	to break a leg
mynyddoedd	mountains			
eira	snow			
llethrau	slopes			

gêm bêl-droed	football game	llys	court
talu	to pay	barnwr	judge
cael tocyn	to have a ticket	carchar	gaol
cefnogi	to support		
sgorio gôl	to score a goal		
dau fachgen	two boys		
ymladd	to fight		
arestio	to arrest		

deffro	to wake up	**sglefrio**	to skate	**cangen**	branch
gweld	to see	**ar yr iâ**	on the ice	**achub**	to save
eira	snow	**llyn**	lake		
wedi bod	has/have been	**cracio**	to crack		
bwrw eira	snowing	**syrthio/ cwympo**	to fall		
gwisgo	to dress	**dŵr rhewllyd**	icy water		
dillad cynnes	warm clothes	**gweiddi**	to shout		
oer	cold	**help**	help		

haul	sun	**clywed**	to hear
disgleirio	to shine	**sŵn**	noise
mynd	to go	**rhedeg**	to run
glan y môr	seaside	**ffonio**	to phone
chwarae pêl	playing ball	**naw, naw, naw**	nine, nine, nine
nofio	to swim	**heddlu**	police
gweld	to see	**dod**	to come
bocs	box	**traeth**	beach

cadw	to keep
pobl	people
yn ôl	back
agor	to open
darganfod	to find / to discover
clociau	clocks

dau fachgen	two boys	**gwthio**	to push	**hofrennydd**	helicopter
ffarwelio	to bid farewell	**môr**	sea	**achub**	to save
mynd i'r traeth	to go to the beach	**rhwyfo**	to row		
mynd i bysgota	to go fishing	**pysgota**	to fish		
gwialen bysgota	fishing rod	**gwynt yn codi**	wind rising		
rhwyfau	oars	**tonnau mawr**	big waves		
cwch	boat	**cwch yn troi**	boat overturns		
angor	anchor	**bron â boddi**	nearly drowned		

dau fachgen	two boys
wedi bod	had been
gêm bêl-droed	football game
cefnogi	to support
eisiau bwyd	hungry
mynd i westy	to go to a hotel
cael bwyd	to have food
bwyd blasus	tasty food

bwyta	to eat
mwynhau'r bwyd	to enjoy the food
amser talu	time to pay
dim arian	no money
mynd am y gegin	to go to the kitchen
golchi llestri	to wash dishes
sychu llestri	to dry dishes

mynd am dro	to go for a walk	**cael ofn**	to have a fright
coeden	tree	**dyn Oes y Cerrig**	Stone Age man
caws llyffant	toadstools	**esgyrn**	bones
mynd yn nes	to go nearer	**sgerbwd**	skeleton
tir yn rhoi	the ground gives way	**ceg yr ogof**	mouth of the cave
sugno	to suck	**cwch**	boat
syrthio/ cwympo	to fall		
ogof	cave		

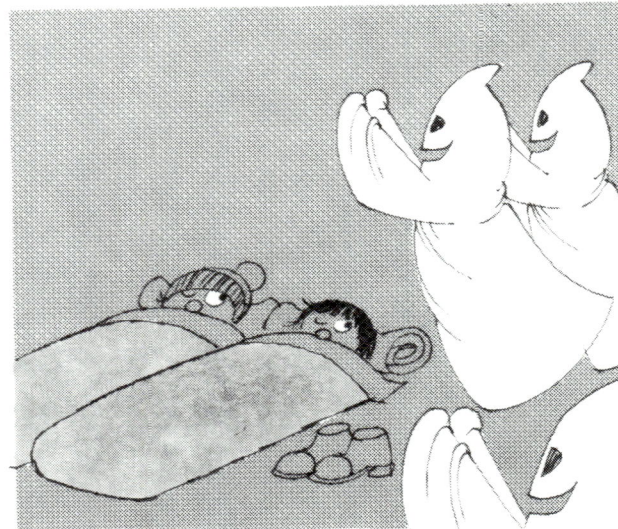

mynd am dro	to go for a walk	**cynnau tân**	to light a fire
arllwys y glaw	pouring rain	**sychu dillad**	to dry clothes
gweld tŷ	to see a house	**coginio bwyd**	to cook food
adfeilion	ruins	**cysgu**	to sleep
twll yn y to	hole in the roof	**ysbrydion**	ghosts
tyllau yn y ffenestri	holes in the windows	**deffro**	to wake up
mynd i mewn	to go in	**cael ofn**	to have a fright
llwch a baw	dust and dirt	**rhedeg allan**	to run out

cerdded	to walk		**syrthio/ cwympo**	to fall
dillad cynnes	warm clothes		**claddu yn yr eira**	to bury in the snow
rhaff	rope		**hofrennydd**	helicopter
mynydd	mountain		**help**	help
bwrw eira	to snow		**ci Sant Bernard**	St. Bernard dog
dringo	to climb		**achub**	to save
copa	top			
llithro	to slip			

bechgyn	boys	**diffodd y tân**	to put out the fire
cario bocsys	to carry boxes	**cuddio**	to hide
tân	fire	**dal**	to catch
perygl	danger	**cosb**	punishment
tân yn lledaenu	fire spreading		
ffonio	to telephone		
naw, naw, naw	nine, nine, nine		
brigâd dân	fire brigade		

llong	ship	**ynys unig**	lonely island	**rhwyfo**	to row
môr	sea	**traeth**	beach	**gadael**	to leave
tân	fire	**hela**	to search		
mwg	smoke	**bwyd**	food		
fflamau	flames	**coginio**	to cook		
neidio	to jump	**bwyta**	to eat		
suddo	to sink	**adeiladu**	to build		
nofio	to swim	**rafft**	raft		

bechgyn	boys	
heicio	to hike	
cerdded	to walk	
codi pabell	to put up a tent	
cynnau tân	to light a fire	
coginio swper	to cook supper	
cysgu	to sleep	
chwyrnu	to snore	

arwydd	sign
tarw	bull
ymosod	to attack

bachgen	boy		**dod allan**	to come out
traeth	beach		**bwgan**	genie
cerdded	to walk		**dymuniad**	wish
gweld	to see			
potel	bottle			
agor	to open			
mwg	smoke			
du	black			

17

dau fachgen	two boys
ymladd	to fight
stryd	street
gyda'r nos	evening
dwrn/ dyrnau	fist/s
cicio	to kick
dyn	man
mynd â'r ci am dro	to walk the dog

ceisio atal/ stopio	to try to stop
ymosod ar y dyn	to attack the man
curo'r dyn	to beat the man
cerdded i ffwrdd	to walk away
heddlu	police
arestio	to arrest

teithwyr	travellers
lolfa	lounge
maes glanio	airport
tocynnau	tickets
mynd i Baris	to go to Paris
mynd ar yr awyren	to board the aeroplane
hedfan	to fly

stiwardes awyr	air-hostess
bwyd	food
herwgipiwr	hijacker
dryll	gun
bom	bomb
mynd heibio i Baris	to go past Paris
dim yn glanio	not landing
Tŵr Eiffel	Eiffel Tower

gweld golygfa o Baris	to see a view of Paris
o'r awyr	from the air
ymlaen i'r Aifft	on to Egypt
pyramidiau	pyramids

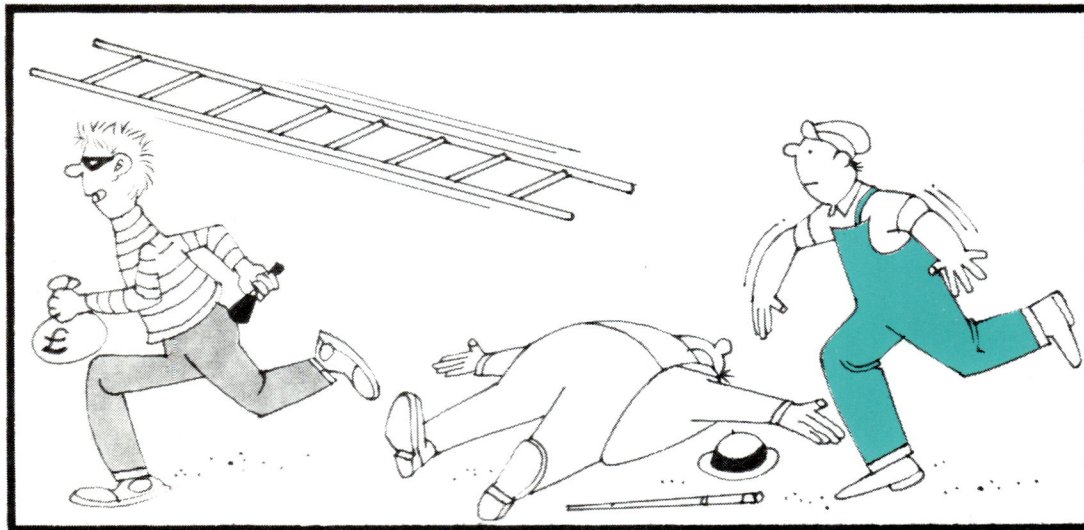

cerdded	to walk	ar y pen	on the head	dal y lleidr	to catch the thief
mynd i'r banc	to go to the bank	syrthio/ cwympo	to fall	heddlu	police
dyn cyfoethog	rich man	colli'r arian	to lose the money	mynd i'r carchar	to go to gaol
arian	money	dwyn yr arian	to steal the money	gwobr o bum	
cwdyn	little bag	bachgen yn		punt (£5)	five pound reward
lleidr	thief	glanhau ffenestri	window cleaner		
pastwn	club	ysgol	ladder		
taro/ bwrw	to hit	taflu'r ysgol	to throw the ladder		

symud tŷ	to move house	**atig**	attic
fan cario celfi	removal van	**gweld**	to see
dodrefn	furniture	**blanced**	blanket
cario	to carry	**tynnu**	to pull
gosod y carped i		**darluniau**	pictures
lawr	to lay the carpet	**gwerthfawr**	valuable
dringo	to climb		
ysgol	ladder		

diwrnod poeth	hot day	**ysbïwr**	spy	**yn ôl i'r sw**	back to the zoo
haul	sun	**fan goch**	red van	**bwyta afal**	to eat an apple
disgleirio	to shine	**codi**	to get up	**yfed pop**	to drink pop
torheulo	to sunbathe	**siarad**	to speak	**gweld y llew**	to see the lion
potel o bop	bottle of pop	**dyn o'r sw**	man from the zoo	**cael ofn**	to have a fright
afal	apple	**llew ar goll**	lion missing	**rhedeg**	to run
wyneb yn y		**dim wedi ei weld**	has/had not seen him		
gwrych	face in the hedge	**y fan yn mynd**	the van going		

awyren	aeroplane	**dyn y doll**	customs man	**yn y carchar** in gaol
hedfan	to fly	**agor y bag teithio**	to open the suitcase	
glanio	to land	**archwilio**	to search	
cerdded o'r		**darganfod**	to find / to discover	
awyren	to walk from the aeroplane	**watsys**	watches	
		heddlu	police	
mynd trwy'r doll	going through customs	**arestio**	to arrest	
		mynd i'r carchar	to go to gaol	

mynd	to go
glan y môr	seaside
newid	to change
deifio	to dive
nofio	to swim
gweld	to see
siarc	shark
ynys	island

ynys unig	lonely island
gweiddi	to shout
am help	for help

merch	girl
tad	father
hanner awr wedi deg	half past ten
mynd i ddawns	to go to a dance
bachgen	boy
cyfarfod	to meet
cariad	sweetheart

dawnsio	to dance
mwynhau	to enjoy
colli'r bws	to miss the bus
bodio	to hitch a lift
cael lifft	to have a lift
lori wartheg	cattle lorry
hwyr	late

chwarter i hanner nos	quarter to midnight
dillad brwnt	dirty clothes
ceryddu	to scold

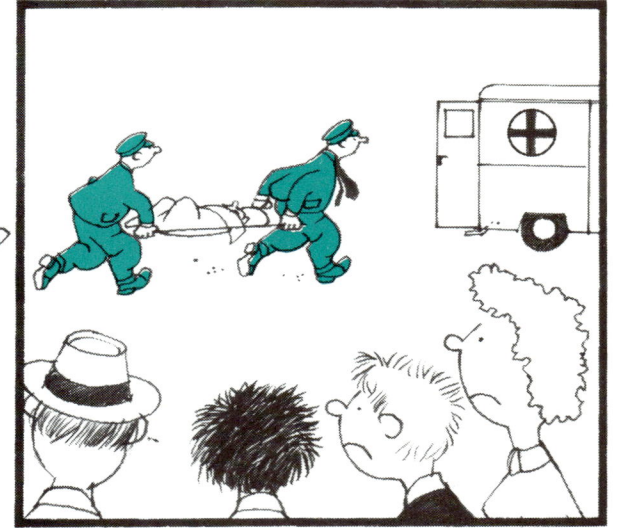

bechgyn	boys
galw am ffrind	calling for a friend
chwarae pêl-droed	to play football
chwarae ar y stryd	to play on the street
car yn dod	car coming
rhedeg i'r ochr	to run to the side
car yn mynd	car going

chwarae pêl-droed	
eto	to play football again
car arall yn dod	another car coming
taro un o'r	
bechgyn	to hit one of the boys
cael	to have
dolur	hurt, injury
wedi cael dolur	injured

ambiwlans	ambulance
heddlu	police
ysbyty	hospital

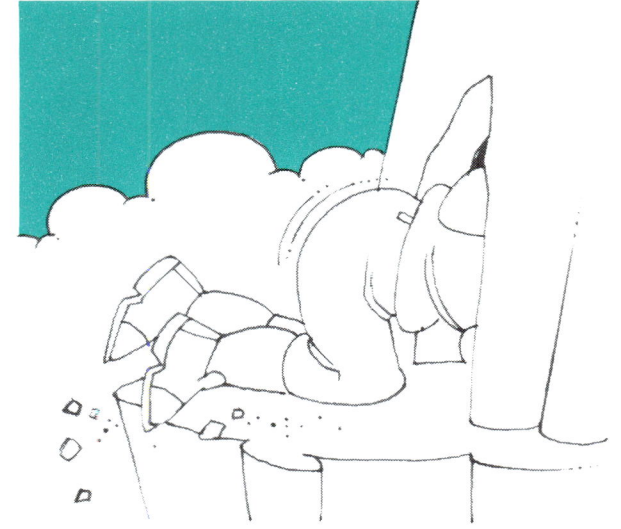

mynd	to go
dringo	to climb
ffarwelio	to bid farewell
clogwyn	cliff
gweld	to see
ceg ogof	mouth of a cave
agoriad	an opening

anghenfil,	
angenfilod	monster/s
cael ofn	to have a fright
cerdded yn araf	to walk slowly
actorion	actors
camerâu teledu	television cameras
cynhyrchydd	producer
ceryddu	to scold

mynd i'r ffair	to go to the fair
gweld carafán	see a caravan
carafán dynes	
dweud ffortiwn	fortune teller's caravan
mynd i'r garafán	to go to the caravan
talu	to pay
pum punt	five pounds

edrych i'r belen wydr	to look into the crystal ball
gweld wyneb dyn	to see a man's face
dyn â barf	man with a beard
gadael	to leave
hapus	happy
cyfarfod	to meet

dryll	gun
dwyn/ lladrata	to steal
cael ofn	to have a fright
gweiddi am help	to shout for help

gwyliau	holiday(s)	**gwthio**	to push	**neidio**	to jump
Yr Alban	Scotland	**mynd i bysgota**	to go fishing	**dŵr**	water
mynyddoedd	mountains	**pysgota**	to fish	**nofio**	to swim
beiciau	bicycles	**gwialen bysgota**	fishing rod	**rhedeg**	to run
Loch Ness	Loch Ness	**dal pysgodyn**	to catch a fish	**gadael y babell**	to leave the tent
pabell	tent	**gweld**	to see	**reidio'r beiciau**	to ride the bikes
coginio	to cook	**anghenfil**	monster		
cwch	boat	**cael ofn**	to have a fright		

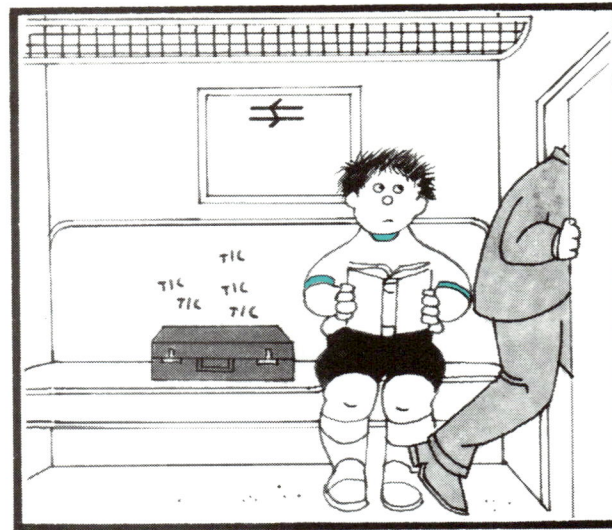

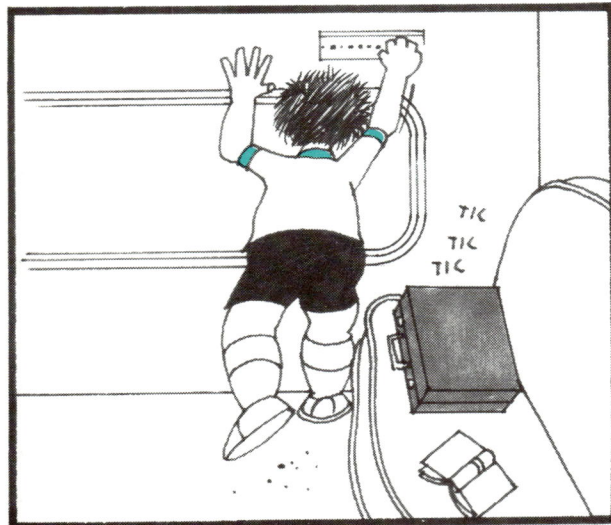

trên	train	**bag teithio**	suit case
teithio	to travel	**ar y sedd**	on the seat
dyn	man	**sŵn tic, tic, tic**	ticking noise
barf	beard	**gadael y caban**	to leave the cabin
cas yr olwg	nasty looking	**neidio**	to jump
bachgen	boy	**oddi ar y trên**	from the train
llyfr	book	**tynnu**	to pull
darllen	to read	**cadwyn**	chain

stopio'r trên	to stop the train
heddlu	police
dod	to come
agor	to open
darganfod	to find/ to discover
arian	money
cloc	clock
chwilio am y dyn	to look for the man
dal y dyn	to catch the man

mynd â'r ci am dro	to take the dog for a walk	**taro**	to knock	**arian**	money
ci	dog	**pedestl**	stand	**tair mil o bunnoedd**	three thousand pounds
gweld	to see	**ffiol**	vase		
cath	cat	**syrthio/ cwympo**	to fall	**talu**	to pay
rhedeg	to run	**torri**	to break	**gwrthod talu**	to refuse to pay
ar ôl	after	**siopwr**	shopkeeper	**dadlau**	to argue
siop hen bethau	antique shop	**cas**	angry		
		gofyn	to ask		

bachgen	boy	**taflu'r botel**	to throw the bottle	**darllen**	to read
ysgrifennu	to write	**dŵr y môr**	sea water	**postio**	to post
llythyr	letter	**nofio ar wyneb y**		**postmon**	postman
potel	bottle	**dŵr**	to swim on the	**cael**	to have
rhoi'r llythyr yn y			surface of the water		
botel	to put the letter in	**Iseldiroedd**	Netherlands		
	the bottle	**gweld**	to see		
mynd i'r traeth	to go to the beach	**agor**	to open		